ÉTUDES SUR L'ORIGINE

DU

SYSTÈME MUSICAL

METZ. — TYPOGRAPHIE ROUSSEAU-PALLEZ, RUE DES CLERCS, 14.

ÉTUDES SUR L'ORIGINE

DU

SYSTÈME MUSICAL

PREMIER MÉMOIRE

PAR

A. BARBEREAU

ANCIEN PENSIONNAIRE DE FRANCE A ROME, AUTEUR DU TRAITÉ THÉORIQUE
ET PRATIQUE DE COMPOSITION MUSICALE

Édition augmentée d'un Errata complet et d'une Table des matières

PRIX NET: 4 FRANCS

PARIS

GAUTHIER-VILLARS, SUCCESSEUR DE MALLET-BACHELIER
Imprimeur-Libraire, quai des Grands-Augustins, 55

METZ

ROUSSEAU-PALLEZ, IMPRIMEUR-LIBRAIRE
rue des Clercs, 14

1864

ERRATA.

NOTA. — Les corrections indiquées dans cet errata sont indispensables pour l'intelligence de cet ouvrage.

PAGE VI. — Entre les lignes 21 et 22.

Mettre un filet, comme le modèle ci-dessous, pour séparer la phrase et recommencer l'alinéa par : Si l'on dispose plusieurs sons, etc.

Page VIII. — **Figure à substituer à celle du texte.**

$$Fa0 — Ut1 — Sol3 — Ré4, \text{ etc.}$$

Longueurs.	1	$\frac{1}{5}$	$\frac{1}{9}$	$\frac{1}{27}$
Vibrations	1	3	9	27

Page VIII. — Ligne 2 en remontant.

Au lieu de : Si l'on base les différents états de grandeur de la corde, *lisez :* Si l'on prend pour base les différents états de grandeur de la corde.

Page IX. — Ligne 10 en remontant.

Au lieu de : 5, 7, 11, *lisez :* 5, 7, 11, 13.

Page XIII. — Ligne 6 en descendant.

Au lieu de : sera démontée, *Lisez :* sera démontrée.

Page XV. — Ligne 12 en descendant.

Au lieu de : Sur la série récurrente $\frac{1}{2}, \frac{1}{3}, \frac{1}{4}, \frac{1}{5}$, etc. *lisez :* Sur la série récurrente $1, \frac{1}{2}, \frac{1}{3}, \frac{1}{4}, \frac{1}{5}$, etc.

Page XVI — Fig. I.

3e colonne. *Au lieu de :* Quinte majeure, *lisez :* Quinte augmentée.

Page XXVIII. — Ligne 8 en descendant.

Au lieu de : et la tendance des accords altérés. *lisez :* et de la tendance des accords altérés.

Page XXIX. (1re fig.) — **Figure à substituer à celle du texte.**

voisines, chacun des termes de l'accord : $\begin{cases} La \\ Fa \\ Ré \\ Si \\ Sol \end{cases}$ appelé comme on sait, accord de neuvième dominante majeure.

Page XXX. — Ligne 17 en descendant.

Supprimez le mot dont qui est doublé.

Page XXX. — Lignes 3 et 1 en remontant.

Ligne 3. Mettre une virgule après le mot d'attraction.
Ligne 1. Otez la virgule après le mot rapports.

Page XXXI. — **Figure à substituer à celle du texte.**

$\dfrac{Ut}{Sol} \quad \begin{cases} Mi \\ Sol \end{cases} \quad \begin{cases} Sol \\ Mi \end{cases} \quad \begin{cases} Mi \\ Ut \end{cases} \quad \begin{cases} Ut \\ Mi \end{cases} \quad \begin{cases} Sol \\ Ut \end{cases}$

Page XXXII. — **Figure à substituer à celle du texte.**

2° $\begin{cases} La2 \\ Fa1 \\ Ré1 \\ Si1 \\ Sol1 \end{cases}$ agrégation attractive ; donne une valeur vibratoire égale à celle de l'agrégation résolutive.......... $\begin{cases} Sol2 \\ Mi-Mi1 \\ Ut1 \\ Sol1 \end{cases}$

Page XXXIII. — **Figure à substituer à celle du texte.**

Gamme diatonique ascendante. (1)		Gamme diatonique descendante.	
Ut1 Ré1 Mi1 Fa1 Sol1 La1 $\begin{cases} Si1 \rightarrow\!\!\!\gg Ut2 \\ Fa1 \rightarrow\!\!\!\gg Mi1 \\ Ré1 \rightarrow\!\!\!\gg Ut1 \\ Sol0 \rightarrow\!\!\!\gg Sol0 \\ Ré0 \rightarrow\!\!\!\gg Mi0 \\ Sol-1 \rightarrow\!\!\!\gg Ut0 \end{cases}$ Acc. altractif. Acc. de repos.		Ut2 Si1 La1 Sol1 Fa1 Mi1 $\begin{cases} Ré1 \rightarrow\!\!\!\gg Ut1 \\ Si0 \rightarrow\!\!\!\gg Ut1 \\ Sol0 \rightarrow\!\!\!\gg Sol0 \\ Fa0 \rightarrow\!\!\!\gg Mi0 \\ Ré0 \rightarrow\!\!\!\gg Mi0 \\ Sol-1 \rightarrow\!\!\!\gg Ut0 \end{cases}$ Acc. altractif. Acc. de repos.	

NOTA. Les indices —1, 0, 1, 2 écrits à la droite du nom des notes servent à déterminer la position relative des sons dans les accords embrassés par les accolades.

3

Page XXXVI. — Ligne 4 en remontant.

Au lieu de : Sur le ton, *lisez :* sur le son.

Page XLIV. — Ligne 8 en descendant.

Au lieu de : seconde majeure supérieure et avec Mi, lisez : seconde majeure supérieure et avec Mi♯.

Page XLVIII. — Ligne 5 en remontant.

Au lieu de : La Ut Mi, *lisez :* La Ut♯ Mi.

Page LI. (1re fig.) — **Figure à substituer à celle du texte.**

Fa Ut Sol Ré La Mi Si Fa♯ Ut♯ Sol♯

Page LI. — Ligne 9 en descendant.

Au lieu de : Or, ces circonstances se retrouvent dans la résolution de résonnance : *lisez :* Or, ces circonstances se retrouvent dans la résolution de l'accord de résonnance :

Page LIV. — **Figure à substituer à celle du texte.**

(M) { Ré♯ —»Mi / Si —»Ut / Sol——Sol / Fa —»Mi / Sol —»Ut }   FA ut SOL ré la mi SI fa♯ ut♯ sol♯ RÉ♯

Page LV. (1re fig.) — **Figure à substituer à celle du texte.**

(N) { Ré♯ —»Mi / Si——Si / Sol —»Sol♯ / Fa —»Mi } { Ré♯—»Mi / Si——Si / Fa —»Mi / Sol —»Sol♯ }   FA ut SOL ré la mi SI fa♯ ut♯ sol♯ RÉ♯

Page LV. (2ᵉ fig.) — **Figure à substituer à celle du texte.**

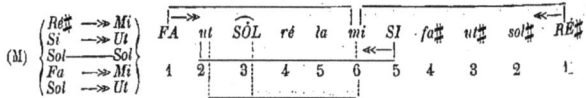

$$\text{(M)} \begin{cases} R\acute{e}\sharp \longrightarrow\!\!\!\!\!\gg Mi \\ Si \longrightarrow\!\!\!\!\!\gg Ut \\ Sol \longrightarrow Sol \\ Fa \longrightarrow\!\!\!\!\!\gg Mi \\ Sol \longrightarrow\!\!\!\!\!\gg Ut \end{cases}$$

FA   ut $\widehat{SOL}$ ré   la   mi   SI   fa♯   ut♯   sol♯   RÉ♯

1   2   3   4   5   6   5   4   3   2   1

Page LVI. — **Figure à substituer à celle du texte.**

A.

La	Sol
Si	Ut
Ré—Ré♯ —»	Mi
Sol	Sol
Fa —»	Mi

B.

La —»	Sol♯
Si	Si
Ré—Ré♯ —»	Mi
Sol	Sol♯
Fa —»	Mi

Page LVII. (2ᵉ fig.) — **Figure à substituer à celle du texte.**

2° L'une des deux résolutions symétriques (N), exprimées précédemment dans les fig. M, N de l'agrégation Fa Sol Si Ré♯.

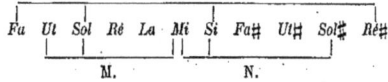

Fa   Ut   Sol   Ré   La   Mi   Si   Fa♯   Ut♯   Sol♯   Ré♯

M.   N.

Page LVII.

Mettre un filet comme ci-dessous sous la 3ᵉ figure.

Page LVII. (4ᵉ fig.) — **Figure à substituer à celle du texte.**

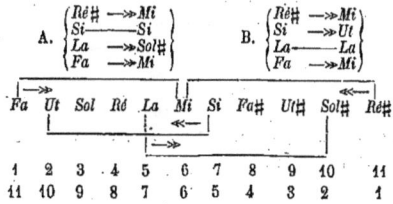

$$\text{A.} \begin{cases} R\acute{e}\sharp \longrightarrow\!\!\!\!\!\gg Mi \\ Si \longrightarrow Si \\ La \longrightarrow\!\!\!\!\!\gg Sol\sharp \\ Fa \longrightarrow\!\!\!\!\!\gg Mi \end{cases} \qquad \text{B.} \begin{cases} R\acute{e}\sharp \longrightarrow\!\!\!\!\!\gg Mi \\ Si \longrightarrow\!\!\!\!\!\gg Ut \\ La \longrightarrow La \\ Fa \longrightarrow\!\!\!\!\!\gg Mi \end{cases}$$

Fa   Ut   Sol   Ré   La   Mi   Si   Fa♯   Ut♯   Sol♯   Ré♯

1   2   3   4   5   6   7   8   9   10   11

11   10   9   8   7   6   5   4   3   2   1

Page LVIII. — **Figure à substituer à celle du texte.**

C. $\begin{cases} La & \longrightarrow Sol\ 3 \\ R\acute{e}\sharp & \longrightarrow Mi\ 6 \\ Fa & \longrightarrow Mi\ 6 \\ Si & \longrightarrow Ut\ 2 \end{cases}$ D. $\begin{cases} La & \longrightarrow Sol\sharp\ 2 \\ R\acute{e}\sharp & \longrightarrow Mi\ 6 \\ Fa & \longrightarrow Mi\ 6 \\ Si & \longrightarrow Ut\sharp\ 3 \end{cases}$ E. $\begin{cases} R\acute{e}\sharp & \longrightarrow Mi\ 6 \\ Si & \longrightarrow Ut\sharp\ 9 \\ La & \longrightarrow La\ 5 \\ Fa & \longrightarrow Mi\ 6 \end{cases}$ F. $\begin{cases} R\acute{e}\sharp & \longrightarrow Mi\ 6 \\ Si & \longrightarrow Si\ 5 \\ La & \longrightarrow Sol\ 9 \\ Fa & \longrightarrow Mi\ 6 \end{cases}$

Page LIX. — Ligne 20 en descendant.

Les deux alinéas sont réunis en un seul. Ainsi : Cette résolution n'est autre que celle exprimée page LVI, en supposant que l'accord, etc.

Page LIX. — **Figure à substituer à celle du texte.**

Résolution F.

Résolution E.

Fa   Ut   Sol   Ré   La   Mi   Si   Fa♯   Ut♯   Sol♯   Ré♯

Résolution C.   Résolution D.

Page LX. — Entre les lignes 2 et 3 en remontant.

Mettre un filet comme ci-dessous pour séparer les deux alinéas, après les mots : qui vient d'être étudié.

Page LX. — **Figure à substituer à celle du texte.**

G1 (¹)	G2		H		I		J	
Ré♯	Mi	Ré♯	Mi	Ré♯	Mi	Ré♯	Mi	Ré♯	Mi
Ut	Si	Fa	Mi	Ut	Ut	Ut	Ut	Ut	Ut♯
La	Sol♯	Ut	Si	La	La	La	Sol	La	La
Fa	Mi	La	Sol♯	Fa	Mi	Fa ⟶ Ut	Fa	Mi

(1) La résolution G1 donnant lieu à deux quintes consécutives, on peut supposer les sons disposés comme dans G2, ce qui éloigne toute discussion sur ce point, au reste peu important.

Page LXIV.

Mettre un filet comme ci-dessous au-dessus du premier alinéa commençant par ces mots : La nécessité d'attribuer, etc.

2

Page LXIV. (1re Démonstration.) — **Figure à substituer à celle du texte.**

1re DÉMONSTRATION.

L'agrégation $\begin{cases} \text{Ré} \sharp \\ \text{Ut} \\ \text{La} \\ \text{Fa} \end{cases}$ formée d'après la progression des quintes :

FA   UT   Sol   Ré   LA   Mi   Si   Fa♯   Ut♯   Sol♯   Ré♯

Page LXIV. — Ligne 8 en remontant.

Au lieu de : la transformation du RÉ en MI♭, *lisez :* du RÉ♯ en MI♮.

Page LXVI. — Entre les lignes 2 et 3 en remontant

Mettre un filet comme ci-dessous pour séparer la phrase.

Page LXVIII.

Mettre sous la seconde figure un filet comme ci-dessous pour séparer.

Page LXX. (fig. du bas de la page.) — **Figure à substituer à celle du texte.**

une quinte.   Onze quintes.

SI♭   FA   ut   sol   ré   la   mi   si   fa♯   ut♯   sol♯   ré♯   LA♯

Termes enharmoniques équivalents.

SI♭ = LA♯.

Page LXXI. — Ligne 9 en remontant.

Au lieu de : Ces accords, rendus avec la précision, *lisez :* Ces accords, rendus avec la précession.

Page LXXV. (2e fig.) — **Figure à substituer à celle du texte.**

FA♯   ut♯   SOL♯   RÉ♯   la♯   mi♯   SI♯
 1   2   3   4   5   6   7

Page LXXV. — Ligne 1re en remontant.

Au lieu d'un point après le mot diminuée, *mettez* un deux points.

Page LXXVII. (1re fig.) — **Figure à substituer à celle du texte.**

ré la mi si fa ut sol ré

Page LXXXI. (1re fig.) — **Figure à substituer à celle du texte.**

Rapport attractif le plus simple.

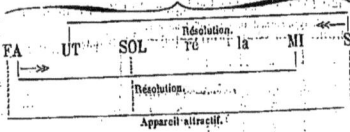

| FA | UT | SOL | ré | la | MI | SI |

Résolution.

Résolution.

Appareil attractif.

Page LXXXIII. — Ligne 4 en remontant.

Au lieu de : les rapports, *lisez* : le rapport.

Page LXXXIV. (1re fig.) — **Figure à substituer à celle du texte.**

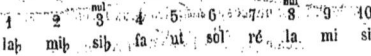

1   2   3   4   5   6   7   8   9   10
lab   mib   sib   fa   ut   sol   ré   la   mi   si

Page LXXXIV. (dern. fig.) — **Figure à substituer à celle du texte.**

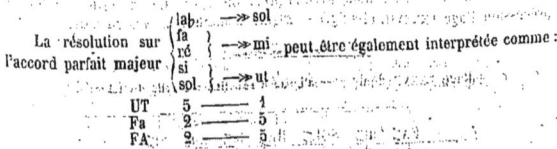

La résolution sur l'accord parfait majeur
{ lab → sol
  fa
  ré } → mi peut être également interprétée comme :
  si
  sol } → ut

UT 5 — 1
Fa 2 — 5
FA 9 — 5

8

Page LXXXV. — Ligne 3 en descendant.

Au lieu de : attachée aux degrés 5 ou 1, *lisez :* attachée aux degrés 5—1.

Page LXXXV. — Ligne 11 en descendant.

(Ligne à substituer à celle du texte et mettre un filet comme ci-dessous.)

LA♭   MI♭   si♭(nul)   FA   UT   SOL   RÉ   la(nul)   mi(nul)   SI

Page LXXXV. — **Figure** à substituer à celle du texte.

Série formant le type normal du mode d'ut mineur.

A.

la♭	mi♭	si♭	fa	ut	sol	ré	la	mi	si
1	2	3	4	5	6	7	8	9	10

résolution :

la♭ —» sol
fa —» mi♭
ré
si
sol —» ut

ut,   5 — 1

B.

Série indéterminée (en UT, FA, fa).

résolution :

la♭ —» sol
fa —» mi
ré
si
sol —» ut

fa   2 — 5
FA   2 — 5
UT   5 — 1

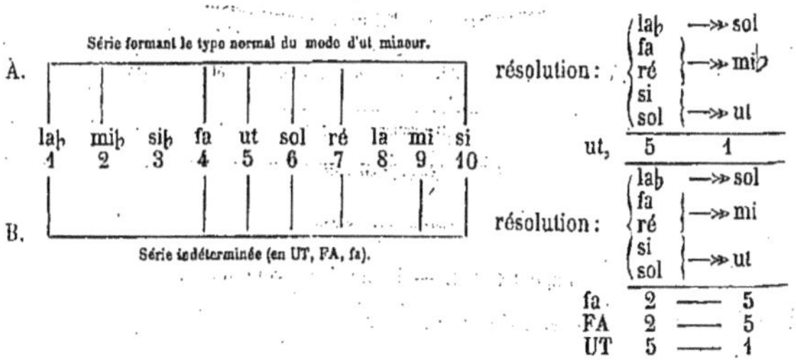

Page LXXXVI. — Ligne 2 en descendant.

Au lieu de : de deux résonnances, *lisez :* des deux resonnances.

Même page. — Ligne 6 en remontant.

Au lieu de : dixième son, *lisez :* sixième son.

Page LXXXVII. (1re fig.) — **Figure** à substituer à celle du texte.

Exemple C (UT majeur).

la♭   mi♭(nul)   si♭(nul)   fa   ut   sol   ré   la   mi(nul)   si   fa♯(nul)   ut♯(nul)   sol♯

Exemple D (la mineur).

Exemple E (ut mineur).

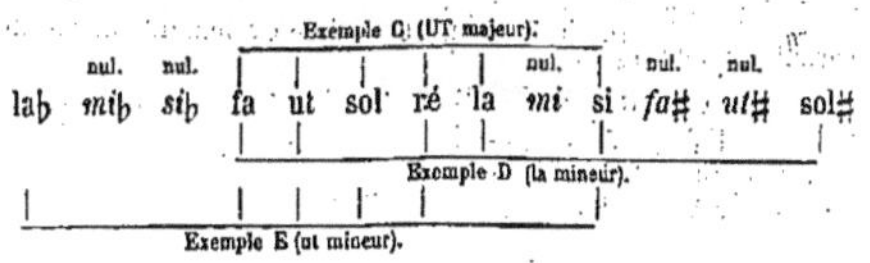

Page LXXXVIII. — Sous la 7e ligne en descendant.

Mettre un filet comme ci-dessous.

Page LXXXIX. — **Figure à substituer à celle du texte.**

A. Attribution en UT majeur.

Accord attractif.... | lab | mib | sib | fa | ut | sol | ré | la | mi | si

Résolution............

Limites du mode d'ut majeur

Relation chromat.: lab .... lab♮

Page XC. (2e fig.) — **Figure à substituer à celle du texte.**

Accord attractif........................ réb | lab | mib | sib | fa | ut | sol | ré | la | mi | si

Résolution........................

Termes formant le mode de Fa mineur.

Relations chromatiques... { réb........................réb♮

sib........................si♮

Page XCII. — **Figure à substituer à celle du texte.**

F. { Accord parfait majeur........................ lab | mib | sib | fa | ut | sol | ré | la | mi | si

Accord parfait mineur.

Page XCIV. (1re fig.) — **Figure à substituer à celle du texte.**

Résonnance grave: On sait que les trois sons de l'accord parfait majeur :
{ sol
{ mi pris deux à deux avec les rapports : { mi 5; { sol 6; { sol 3 { ut 4 { mi 5 { ut 2
{ ut
ou leurs renversements, produiront au grave le son 1; double octave grave du son 4.

Page XCVIII. (2ᵉ fig.) — **Figures à substituer à celles du texte.**

Echelle ascendante.

Rapports attractifs résolus.

Résolution.

la♭ mi♭ si♭ fa ut sol ré la mi si

Attraction non résolue.

Echelle descendante (précédée de l'échelle ascendante).

Résolution.

la♭ mi♭ si♭ fa ut sol ré la mi si

Attraction non résolue.

Page C. — Ligne 10 en remontant.

Au lieu de : avec les deux premiers termes de droite, *lisez :* avec les deux premiers termes de gauche.

Page CI. — Sous la 3ᵉ ligne en descendant.

Mettre un filet comme ci-dessous pour séparer les deux phrases.

Page CI. (3ᵉ fig.) — **Figure à substituer à celle du texte.**

A.		B.		C.		D.	
la—sol	la—sol	fa	sol	sol—sol	
ut—mi	fa—mi	ré	mi	mi♭ mi♭	
la—si	ré si	si♭	si♮	ut si	
fa mi	ré—mi	si♭	mi	ut—mi	

Page CIV. (1ʳᵉ fig.) — **Figure à substituer à celle du texte.**

nul nul nul

la♭ mi♭ si♭ fa ut sol ré la mi si

Mode normal d'ut mineur.

Page CIV. (2ᵉ fig.) — **Figure à substituer à celle du texte.**

fa ut sol ré la mi SI fa♯ ut♯ sol♯ ré♯

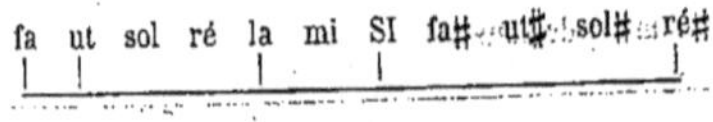

Page CV. — Sous la 4ᵉ figure.

Mettre un filet comme ci-dessous.

Page CVI. — Sous la 3ᵉ figure.

Mettre un filet comme ci-dessous.

Page CVII. — Sous la 8ᵉ ligne.

Mettre un filet comme ci-dessous pour séparer les deux alinéas, après les mots : de la formule indiquée plus haut.

Page CIX. (1ʳᵉ fig.) — **Figure à substituer à celle du texte.**

Accord très usité M'

fa ut sol ré la mi si fa♯ ut♯ sol♯ ré♯

fondamentale retranchée.

Accord moins usité M''

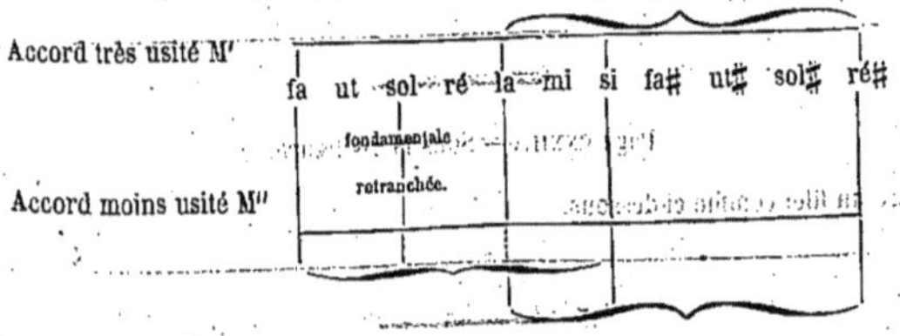

Page CIX. — Ligne 6 en descendant.

Mettre un filet comme ci-dessous.

Page CIX. — 2ᵉ figure.

Au lieu de : termes exclus, qui est entre parenthèses, *lisez :* terme exclus.

Page CXI. — Sous la 2e ligne en descendant.

Mettre un filet comme ci-dessous.

Page CXII. — Ligne 8 en descendant.

Au lieu de : les termes extrêmes, *lisez* : les termes externes.

Page CXVII. — **Figure à substituer à celle du texte.**

Relation attractive de 8 termes.

ut♭ sol♮ ré♭ la♭ mi♭ | si♭ fa ut sol ré la mi si
8   7   6
Pôle   Pôle
descendant.   ascendant.

Page CXVII. — Sous la 3e figure.

Mettre un filet comme ci-dessous.

Page CXXII. — Sous la 1re figure.

Mettre un filet comme ci-dessous.

Page CXXIII. — Ligne 13 en remontant.

Au lieu de : et les termes sol et si, *lisez* : et les termes sol♯ et si.

Page CXXV. — Ligne 10 en descendant.

Au lieu de : existe entre la tierce majeure, *lisez* : existe entre sa tierce majeure.

Page cxxvii. (2ᵉ fig.) — **Figures à substituer à celles du texte.**

F' ut sol ré la mi si fa♯ ut♯ sol♯

G' ut sol ré la mi si fa♯ ut♯ sol♯

H' fa ut sol ré la mi si fa♯ ut♯ sol♯

Page cxxix. — Ligne 19 en descendant.

Au lieu de : Gamme descendante, *lisez :* Gamme ascendante.

Page cxxxi. — **Figure à substituer à celle du texte.**

TROIS MESURES-VALEURS ÉGALES
Savoir : une ronde par mesure.

	fa♮	mi	ré♯
G.	ut	si	si
	la	sol	la
	la	si	fa♯
			si

NOTA. La relation de triton (fa-si) se montre deux fois entre le fa ♮ de la partie supérieure, et les deux si que prononcent la basse et la seconde partie, dans la seconde mesure.

Page cxxxiii. — Ligne 10 en descendant.

Au lieu de :

TROIS MESURES, VALEURS ÉGALES,
une ronde par mesure.

lisez :

QUATRE MESURES, VALEURS ÉGALES,
une ronde par mesure.

TROIS MESURES, VALEURS ÉGALES
une ronde par mesure.

QUATRE MESURES, VALEURS ÉGALES,
une ronde par mesure.

TABLE DES MATIÈRES.

TRAITÉ
THÉORIQUE ET PRATIQUE
DE
COMPOSITION MUSICALE

PAR A. BARBEREAU

Paris, chez Schonenberger, Éditeur de musique, boulevard Poissonnière, 28
et chez tous les marchands de musique.

ESTHÉTIQUE MUSICALE

TECHNIE

LOIS GÉNÉRALES DU SYSTÈME HARMONIQUE

Par le comte Camille DURUTTE, d'Ypres

Paris, chez Gauthier-Villars, successeur de Mallet-Bachelier, imprimeur-libraire
de l'école Polytechnique, quai des Grands-Augustins, 55.

RÉPONSE

à la prétendue réfutation du Système Harmonique exposé dans l'ouvrage
précédent, par M. Fétis, suivie de l'exposé du *principe
absolu du Rhythme musical.*

Paris, chez Gauthier-Villars, et E. Dentu, au Palais-Royal.

www.ingramcontent.com/pod-product-compliance
Lightning Source LLC
Chambersburg PA
CBHW061813040426
42447CB00011B/2623